Ralf Otto Lang

FÜHRERSCHEIN-BEICHTE

edition = mara ordemann

Alle Rechte vorbehalten
Copyright by edition = mara ordemann
Köln, 1987
Gesamtherstellung
Druckerei W. Oelkers, Quakenbrück
ISBN 3-926374-02-2

Führerschein

für

Herrn
~~Frau~~
~~Fräulein~~   König, Michael

geboren am   29.02.1946

in   Wuppertal

wohnhaft in **Köln** -41

Straße, Nr.   Harfenstr.24

Herr König, Michael
~~Frau~~
~~Fräulein~~

erhält die Erlaubnis, ein Kraftfahrzeug mit Antrieb durch

Verbrennungsmotor

der Klasse ~~eins~~ - ~~zwei~~ - drei - ~~vier~~ - ~~fünf~~*) zu führen.

Köln, den 05.05.1970

Stadt Köln
Der Oberstadtdirektor

Amt für öffentliche Ordnung
Im Auftrag

Liste Nr. 23311/70

(Unterschrift)

*) Nichtzutreffendes ist zu streichen

Eigenhändige Unterschrift des Inhabers:

Michael König

(Raum für weitere amtliche Eintragungen, insbesondere über Bedingungen der Erlaubnis oder die Ausdehnung der Erlaubnis nach Ergänzungsprüfungen).

122/0211 - Deutscher Gemeindeverlag GmbH

„Heh, Micha, willst du ewig mit dem komischen Tretroller durch die Gegend kurven?", zogen mich gute Freunde auf: „Schaff' dir endlich ein Auto an!" Tatsächlich, meine Freunde hatten ja so recht. Ich war meiner ‚Vespa' viel zu lange treu geblieben. Also holte ich mit vierundzwanzig Jahren nach, was sie mir voraushatten: den Führerschein Klasse III.

Ich kaufte mir ein gebrauchtes Auto. Die Jungfernfahrt ging in den Schwarzwald, und in Freudenstadt begoß ich abends an einer Theke feuchtfröhlich die Fahrprüfung. Einer der Mitzecher nahm mir, als ich aufbrechen wollte, den Zündschlüssel ab, ließ jedoch dummerweise die Scheinwerfer brennen. Am Morgen mußte ich mühselig die Batterie ausbauen und sie in einer Werkstatt aufladen lassen. In meinem Kopf bohrte es heftig und auch die Stimme klang reichlich verkatert: „Das fängt ja gut an – mit einem Denkzettel!"

*

Ganze sechs Wochen war ich stolzer Besitzer des Führerscheins, als ich meinem Fahrlehrer begegnete. Er grüßte betont freundlich und versuchte sogar einen Flachs:
„Na, König, was macht die Kunst, haben Sie inzwischen alle Gummibäume umgesäbelt?"
„Sie werden es zwar nicht glauben, aber der ‚Lappen' ist schon weg, einfach futschikato", bekannte ich munter. Er riß erstaunt die Augen auf und ließ mich dann schweigend stehen. – An einem stürmischen und regennassen Oktoberabend war ich mit dem Auto mit Vollgas volltrunken unterwegs gewesen, wurde in einer Kurve hinausgetragen und blieb im Morast eines Grünstreifens stecken. Anstatt still und leise zu verschwinden, stolperte ich zu einer Tankstelle und radebrechte mit schwerer Zunge:
„Können Sie mir, hicks, helfen, ich brauche, hicks, eine Pannenhilfe." Bald darauf traf nicht nur der Ab-

schleppwagen, sondern auch die Polizei ein. Die Beamten nahmen mich zur Wache mit, wo sie mich um die eigene Achse drehten und einen Kreidestrich entlanggehen ließen. Nach dem Gleichgewichtstest war die Blutprobe fällig. Das genügte: Führerschein und Zündschlüssel verschwanden in der Schublade – auf Nimmerwiedersehen. Aber ich wurde wenigstens ‚gnädig' verabschiedet. Draußen bummelte ich noch eine Weile durch die Gegend, kam an meinem Käfer vorüber, gab der Motorhaube einen ordentlichen Klaps und trollte mich dann nach Hause.

*

Den fahrbaren Untersatz von der Unfallstelle wegzuholen, das war kein Problem, daß er aber künftig ungenutzt bleiben sollte – das ging mir absolut nicht in den Kopf.
„Das Auto ist doch versichert und zugelassen, wer wird es merken, wenn wir trotzdem damit fahren", sagte ich zu Clara, meiner Verlobten, und forderte sie auf: „Sei kein Frosch, komm, steig doch ein." Aber sie sträubte sich hartnäckig. Allein wollte ich auch nicht losfahren, und so gab ich notgedrungen

nach. – Ein halbes Jahr später führte ich meine Braut zum Standesamt. Mit der Bundesbahn fuhren wir in die Flitterwochen, sie dauerten nur ein paar Stunden, als ich meiner Frau im Hotelzimmer gestand:

„Übermorgen habe ich einen Gerichtstermin. Du weißt, es ist die leidige Verkehrssache. Aber reg' dich nicht auf, ich komme natürlich sofort zurück."
„Was, du willst mich hier allein sitzenlassen, in meinem Zustand? Unmöglich! Schließlich bin ich schon im dritten Monat." Ich versuchte, Clara umzustimmen und zu überzeugen, aber sie stellte sich derart eigensinnig und querköpfig an, daß ich einlenken mußte. Wir reisten, gerade erst angekommen, wieder ab.

*

Vor Gericht ließ ich mich von keinem Anwalt vertreten. Der Richter verhängte die übliche Strafe: „Zwei Wochen Haft – zur Bewährung ausgesetzt."
„Das Urteil ist mir zu mild", konterte der Staatsanwalt, „ich lege Berufung ein." Bitterböse starrte ich ihm, einem jungen Menschen mit roten Haaren, ins Gesicht. – Es kam, wie es kommen mußte: Mitten

im Sommer, als andere in Ferien fuhren, wurde ich in Zwangsurlaub geschickt. Die Tage im Gefängnis waren ungewohnt; sie verliefen gleichförmig. Ich fühlte mich ungerecht behandelt, sabotierte daher das Tütenkleben und dachte trotzig: „Das wäre ja noch schöner, für ein paar müde Mark dem Staat meine Arbeitskraft leihen." Und die Strafe gedanklich aufarbeiten, das wollte ich schon gar nicht, ihr Sinn und Zweck war mir völlig schnuppe.

*

Die Sperrfrist lautete nur auf ein Jahr, also bekam ich den Führerschein wieder. Allerdings behielt ich die frühere Fahrgewohnheit bei und unternahm weiterhin Spritztouren, von denen ich spät in der Nacht angesäuselt zurückkehrte. Immer ging das gut ab. Doch meine Frau konnte nicht eher einschlafen, bis ich heil zu Hause angelangt war. Der Zank darüber, was alles passieren könnte, uferte zum Dauerstreit aus. Trotzdem tat ich, was mir gefiel und setzte mich rücksichtslos durch. So auch Silvester, als ich mich um Mitternacht aus der Festrunde verabschiedete und mit dem Auto zum Stammlokal aufbrechen wollte. Alles Zureden half nicht, ich rauschte berauscht davon. Aber es kam nicht, wie es eigentlich hätte kommen müssen. Zwar wurde ich von einer Verkehrsstreife gestoppt, aber der Test mit dem Pusteröhrchen ging gerade noch glimpflich ab. Ich frohlockte: „Kaum zu glauben, was du immer für ein Glück hast!"

*

Hin und wieder fuhr ich über die belgische Grenze, allein oder mit Freunden; die alte Gewohnheit, mir nichts sagen zu lassen, mußte meine Frau büßen. Einmal landete ich in Maastricht, zog durch die Lokale und kippte fleißig, was hineinging. Zum Schluß war ich total benebelt und wußte kaum noch, wo das Auto geparkt stand. Und hätte der Beamte an der Grenze besser aufgepaßt – das wäre für mich das ‚AUS' gewesen. Obwohl gewarnt, lernte ich überhaupt nichts.

Mit einem Bekannten besuchte ich einen Tanzpavillon im holländischen Valkenburg. Wir belagerten die Bar und konnten kaum ein Ende finden. Spät in der Nacht brachen wir auf. Während der langen Rückfahrt ging alles gut, aber plötzlich, fast daheim angekommen, verriß ich übermüdet den

Lenker, das Auto schlingerte, es näherte sich unaufhaltsam dem Straßenrand, schleuderte schließlich gegen einen Betonsockel und blieb im Zaun eines Vorgartens hängen. Als sich die Staubwolke gelichtet hatte, kletterten wir verdattert nach draußen und besahen uns den Schaden: die Vorderachse war weggerissen. Ehe wir uns von dem Schrecken erholten, traf die Polizei ein; sie war von einem Taxi gerufen worden. Was nun folgte – diese Prozedur kannte ich schon auswendig. Als ich aus der Wache trat, löste sich die Anspannung: ich lachte, mein Gelächter schallte in den noch dunklen Morgen hinein. Ich spielte geradezu verrückt. Aber weder Komik noch Faxen wollten meinem Bekannten, mit einer Platzwunde an der Stirn davongekommen, gefallen. Er zeigte mir einen Vogel und sagte:
„Bei dir piept es wohl. Oder du bist ganz plemplem!"

Zuhause, beim Frühstück, als ich mit der Wahrheit herausrücken mußte, schlug das Gefühlspendel um; zerknirscht und schuldbewußt saß ich da – ein Häufchen Elend. Es hagelte nur so Vorwürfe:
„Das hast du davon. Auf mich wolltest du ja nicht hören. Sieh zu, wie du jetzt fertig wirst. Nur jammerschade um das schöne Geld. Und der Urlaub ist

auch dahin. Also ich könnte dich…" Ich war wie betäubt und unfähig, mich zu verteidigen. Das ganze Ausmaß des Unfalls wurde mir allmählich bewußt: das Auto, vor drei Wochen neu gekauft, hatte einen Totalschaden. Mich bedrückte jedoch nicht so sehr der Verlust und was das alles wieder kosten würde, sondern ich klagte mich wütend an: „Du Blödmann, diese Niederlage hast du dir allein zu verdanken, ach, was bist du bloß für ein Esel!" Von nun an wurde ich merklich kleinlauter. Und wie die Verwandten, Freunde und Nachbarn über die Sache dachten, auch das ließ mich nicht gleichgültig. Zudem mußte ich jetzt viel freie Zeit opfern, um den langen Fahrweg zur Arbeitsstelle mit Bus und Bahn zurückzulegen.

*

Vor Gericht nahm ich mir nun doch einen Anwalt. Er war sehr gewieft und ermahnte mich eindringlich:
„Zeigen Sie dem Herrn Vorsitzenden unbedingt Reue. Spielen Sie ihm meinetwegen vor, Sie wären am Erdboden zerstört, jedenfalls muß man Ihnen die Reue förmlich nachfühlen können." Ich tat ihm

den Gefallen. Und wirklich, der Richter fiel prompt auf ‚die Masche' herein:
„Sie sind zwar einschlägig vorbestraft, doch unter Berücksichtigung der besonderen Umstände, und weil sie glaubhaft guten Willen bekunden, lasse ich es bei einer Bewährungsstrafe bewenden." Ich bedankte mich bei ihm artig. Und diesmal legte der Staatsanwalt keinen Widerspruch ein.

*

Nach Ablauf der Sperrfrist beantragte ich die Wiedererteilung des Führerscheins neu. Die Angestellte im Straßenverkehrsamt meinte es ungewöhnlich gut mit mir:
„Hören Sie, wenn Ihnen der Führerschein wegen Trunkenheit am Steuer noch einmal abgenommen wird – dann droht Ihnen der psychologische Test. Das könnte schwierig für Sie werden." Ehrgeizig ging ich ans Werk und bestand die Prüfungen an der Fahrschule mühelos. Nun konnte es wieder losgehen. Während der nächsten drei Jahre verbrauchte ich drei gebrauchte Autos. Aber innerhalb dieser Zeit passierte nichts. Allein meine familiären Verhältnisse änderten sich nachhaltig. Ich suchte

mir in der Stadt ein möbliertes Zimmer und erklärte das meiner Frau so:

„Ich bin den dauernden Streit gründlich satt. Versuchen wir es doch mal mit einer Trennung auf Probe. Vielleicht gibt das Auftrieb für einen neuen Anfang."

Clara war untröstlich, sie warnte mich und meinte zuletzt:

„Immer machst du, was du willst. Aber warte ab, deine Bäume wachsen auch nicht in den Himmel. Und ich sehe es kommen: allein gehst du unter!"

Ihre Worte beeindruckten mich nicht, und ich dachte, ganz von mir überzeugt: „Du spinnst, den Gefallen werde ich dir nicht tun."

*

Ich nutzte die wiedergewonnene Freiheit weidlich aus. Zunächst reizte mich jedoch das Angebot der Volkshochschule und ich meldete mich zum Hobby-Maler-Kursus für Fortgeschrittene an. Die Teilnehmer trafen sich auf einem Bauernhof in Schleswig-Holstein. Dort zogen wir, auf der Suche nach geeigneten Motiven, in kleinen Gruppen durch das Gelände und fertigten Skizzen von Bäumen, Bächen, Brücken und Brunnen. Am Abend vor Himmelfahrt feierte ich den Vatertag vor und morgens in einer Dorfkneipe nach. Obwohl beduselt, angelte ich mir das Auto und steuerte einen Feldweg an, hielt auf einsamer Flur, drehte das Radio auf volle Pulle und wartete, um halbwegs nüchtern zu werden. Die Zwangspause währte jedoch nicht lange, ungeduldig setzte ich die Fahrt fort. Auf freier Strecke, obwohl schnurgerade, schleuderte der Wagen urplötzlich. Schon wirbelte ein Begrenzungspfosten durch die Luft, es krachte und klirrte. Ich trat erschrocken auf die Bremse, blickte verständnislos drein, ließ alles so wie es war und flüchtete mit aufheulendem Motor. Erst weit abseits der Unfallstelle beschaute ich mir den Schaden: Scheinwerfer und Kotflügel waren zerdeppert. Ich befestigte die losen Teile notdürftig mit Draht. Dann setze ich mich an den Lenker und steuerte auf Schleichwegen zur Unterkunft. Dort telefonierte ich augenblicklich mit Ingrid, meiner Freundin: „Du, mit mir ist vielleicht was los! Ich brauche dich, ich werfe mich jetzt ins Auto und komme zu dir!"

Soeben gestartet, erwischte es mich neu. Bei hohem Tempo unterschätzte ich eine scharfe Rechtskurve und landete im Straßengraben. Kein Gegenverkehr – nicht auszudenken, wenn ... Einige Leute halfen mir, obwohl sie meinen Zustand erkannten, bereitwillig und schoben den VW-Käfer auf die Straße zurück. Kaum war ich wieder flott, preschte ich davon, erreichte die Autobahn und fuhr in den Abend hinein. Zwar stachen die Lichter der verbeulten Scheinwerfer steil nach oben – aber das kümmerte mich nicht. Zwei Stunden später klingelte ich bei Ingrid. Noch immer aufgeputscht, erzählte ich ihr von meinen ‚Heldentaten'. Sie belohnte mich; sie liebte es, wenn wir uns auf dem Teppich liebten.

*

„Wenn du so weitermachst wie bisher, dann bist du eines Tages fällig. Da kannst du Gift drauf nehmen!", prophezeite mir ein guter Freund. Ich grinste herablassend und entgegnete: „Der Familienname König bringt mir Glück. Was soll mir als ‚King' schon passieren. Keine Verkehrskontrolle kann mir etwas anhaben." Tatsächlich erwies sich die Polizei sogar als mein Freund und Helfer. Denn als ich einmal ohne Licht fuhr, mich dadurch verdächtig machte und auf der Wache in das Alkoholröhrchen pusten sollte, nahm mich ein Beamter beiseite und riet mir:

„Gehen Sie zuerst mal in den Waschraum und spülen Sie sich den Mund gründlich aus." Dankbar folgte ich seinem Rat. Und wirklich, das Wunder geschah: sie ließen mich ungeschoren laufen! Daß es mal anders kommen könnte, das hielt ich inzwischen für ausgeschlossen. Umso überraschender wurde ich überrumpelt. Es passierte spät nachts und ausgerechnet dort, wo ich es nicht vermutet hatte. Jetzt rettete mich nichts mehr, der Grenzwert war weit überschritten. Doch bis zuletzt verweigerte ich die Herausgabe des Führerscheins. Ich hatte ihn in der Wohnung und die Uniformierten wollten mich, mißtrauisch wie sie waren, begleiten. Aber das konnte ich meiner Zimmerwirtin nicht zumuten. Erst einer Zivilstreife, die man extra über Funk herbeirufen mußte, ‚gestattete' ich, das Dokument einzukassieren.

*

Von nun an fuhr ich ohne Führerschein. Mir blieb gar nichts anderes übrig; außerdem war ich davon überzeugt: es gibt Unzählige, die ebenso handeln! Ich war zwar kein Taximann oder Handelsvertreter, der auf ein Fahrzeug dringend angewiesen ist, aber ich tat einfach so, als wenn nichts gewesen wäre.

Das klappte wie am Schnürchen. Gelegentlich rückte ich wohl beiläufig mit einer Andeutung heraus, verschwieg jedoch die ganze Wahrheit geflissentlich.

Immerhin kostete es Nerven, die Nerven zu behalten. Das merkte ich bei der Anfahrt zum Arbeitsplatz und benutzte lange Umwege. Aber nicht immer konnte ich die Hauptausfallstraße vermeiden, dort nahm die Polizei, besonders im Berufsverkehr, unerwartet Stichkontrollen vor. Wer aus der Wagenkolonne herausgewinkt wurde, das ließ sich unmöglich vorhersagen. Darum lenkte ich äußerst konzentriert, innerlich angespannt, stets das gesamte Umfeld im Blick und zum Handeln wild entschlossen – sollte die Situation brenzlig werden.

Mein Nervenkostüm, arg strapaziert, schlotterte einmal ganz gewaltig, als ich bei Rot an einer Kreuzung halten mußte: Auf dem Gehweg nebenan beobachtete eine Autostreife den Verkehr. Ich wagte nicht, mich zu rühren und saß wie erstarrt. Als die Ampel auf Gelb umschlug, spielten mir die Nerven einen Streich und ich startete ein Idee zu früh. Im gleichen Augenblick folgte mir der Polizeiwagen. Das mußte eindeutig mir gelten, also würde die Falle jeden Moment zuschnappen und die Haltekelle vor mir auftauchen. Ich war wie gelähmt und legte mir, der Panik nahe, eine Ausrede zurecht.

Aber nichts passierte, das grüne Auto bog ab und verschwand von der Bildfläche. Verdutzt und ungläubig schaute ich hinterher. Rein mechanisch kuppelte und schaltete ich, wobei meine Hände zitterten. Wie lange würde ich das muntere Spielchen noch aushalten? Und war ich schon reif für die Klappsmühle?

*

Einige Monate später machte meine Frau, die bisher anhänglich zu mir gehalten hatte, meine Kapriolen nicht mehr mit und drohte ernsthaft mit der Scheidung. Sie stellte mich glatt vor die Wahl: „Entweder, du kommst zurück, oder es ist aus mit uns!" Zuvor hatte sie nichts unversucht gelassen. Als Druckmittel setzte sie wirksame Waffen ein: das Kind und sich selbst. Das zog besonders, da sie mich in Reizwäsche – schwarze Strümpfe und Strapse – erwartete, wenn ich unseren Sohn Carl besuchte. Als ich ihr an einem dieser Abende – in schwacher Stunde – beichtete, daß auch der zweite Führerschein den Besitzer gewechselt hätte, war für sie das Maß voll; von nun an verkehrte sie mit mir nur noch über den Anwalt. Wir waren schon geschiedene Leute, ehe die Scheidung überhaupt ausgesprochen wurde.

Genau zwölf Monate darauf war es soweit: wir wurden noch nach dem alten Gesetz geschieden, getrennt von Tisch und Bett. Und als am Weißen Sonntag mein Sohn Carl zur Kommunion ging, durfte ich nicht einmal daran teilnehmen. Das war für mich Grund genug zu einer Sause durch diverse Lokale. Um Mitternacht trat ich die Heimfahrt an, schaffte auch, wie programmiert, die Strecke reibungslos. Dann plötzlich, fast war ich schon vor der Haustür angekommen, tauchte neben mir ein Peterwagen auf und stoppte mich. Die Beamten meinten hintergründig:

„Gratuliere, im Schlangenlinienfahren sind Sie offenbar ein Weltmeister. Na, dann rücken Sie mal die Papiere heraus." Ich starrte sie entgeistert an, kletterte unbeholfen hinaus und mußte mich, um nicht das Gleichgewicht zu verlieren, kurz an einen der Beamten anlehnen. Auf der Wache hatte ich jedoch meinen Mut wiedergefunden und verkündete aufgekratzt:

„Meine Herren, mit einem Führerschein kann ich Ihnen nicht mehr dienen: der liegt schon in Flensburg." Sie glaubten mir nicht und wollten die Aussage an Ort und Stelle, in meiner Wohnung, überprüfen. Aber ich war inzwischen umgezogen, ohne die Adresse im Personalausweis ändern zu lassen. Das hatte ich absichtlich so gemacht, denn ich lebte mit Uschi, meiner neuen Freundin, zusammen. Also verweigerte ich die Auskunft; Uschi hätte ja sonst alles erfahren.

„Könnt ihr nicht lesen?", fragte ich aufreizend. „Oder soll ich euch vorbuchstabieren, wo ich wohne?" Sie verstanden keinen Spaß und drohten mir:

„Freundchen, wir kennen unsere Pappenheimer. Auch noch die dicke Lippe riskieren und große Sprüche klopfen, was? Los, raus mit der Sprache, aber ein bißchen plötzlich!"

„Da könnte ja jeder kommen...", versuchte ich es weiterhin mit Frechheit. Mit einemmal nahmen mich zwei Beamte in den Schwitzkasten und bändigten mich, als ich mich wehrte, mit einem Polizeigriff: sie drehten mir die Arme auf den Rücken, daß es schmerzte, und schubsten mich dann in die Arrestzelle. Von dieser Seite her kannte ich meine ‚Freunde und Helfer' noch gar nicht und verstummte eingeschüchtert. Nach einer Weile, als ich genug abgekühlt war, klopfte ich an die Tür, sie ließen mich heraus und stellten dieselben neugierigen Fragen. Ich log weiterhin verstockt. Daraufhin steckten sie die Köpfe zusammen, beratschlagten sich tuschelnd und waren plötzlich wie ausgewechselt:

„Sie sind frei, gehen Sie ruhig ihrer Wege." Aber ihr Trick verfing nicht bei mir; natürlich schlug ich die entgegengesetzte Richtung ein und führte sie auf die falsche Fährte. Es gelang mir tatsächlich, sie abzuschütteln.

Nach nur drei Stunden Schlaf wachte ich mit einem fürchterlichen Brummschädel auf. Aber gerade an diesem Morgen war ich in der Nachbarstadt bei meiner Schwester eingeladen, wo ebenfalls Kommunion gefeiert wurde. Ich traute mich jedoch nicht, mit dem Reserveschlüssel mein Auto zu holen, das die Polizei vorsorglich verschlossen hatte. So nahm ich den Wagen meiner Freundin. Zwar verspürte ich einen Heidenbammel, lenkte aber kaltschnäuzig. Und es passierte nichts. Das machte mir wieder halbwegs Mut. Ich überstand den Tag nur mühsam, von den Verwandten bemitleidet, die mich ungewöhnlich still und blaß, ja kränklich fanden.

*

Ich grübelte und sinnierte unentwegt, was ich tun sollte. Schließlich reifte in mir der Gedanke: „Die Polizei wird ja nicht extra Beamte abstellen, die dir ständig auflauern." Jeden Tag, wenn ich von der

Arbeit kam, näherte ich mich meinem Auto aus gebührendem Abstand. Ich konnte absolut nichts Auffälliges entdecken, schloß rasch auf, stieg ein, gab kräftig Gas und parkte wenig später vor der Haustür. – Das Problem war jedoch keineswegs gelöst. Die Kunst bestand darin, meine Lage zu verschleiern; es gelang mir, obwohl es auf dem Weg in die Stadt genug Fallen der Verkehrspolizei gab; aber eingeweihte Leute wie ich kannten diese Stellen genau. Heikel wurde es immer, sobald man Autos aus der Fahrkolonne winkte und sie an den Bordstein heranlotste. Ich sah das schon von weitem und flüsterte Susanne, meiner dritten Freundin, rasch zu: „Ach, du meine Güte, ich habe die Brieftasche mit dem Führerschein vergessen, halte mal kurz, damit wir schnell die Plätze tauschen können, ja?" Das ging wie geschmiert; Susanne, die treue Seele, schöpfte keinen Verdacht.

Leicht war es allerdings nicht, meine Post abzufangen, die ich vor Susanne verheimlichte. Darunter waren Briefe des Verteidigers und des Gerichts. Auf mich warteten nun schon zwei Verfahren mit verschiedenen Ladungsterminen. Damit ich nicht nochmal geschnappt wurde, bastelte ich an meinem Auto herum und fingierte einen Motorschaden. Auch das glaubte mir Susanne unbesehen.

★

Von Montag bis Freitag fuhr ich mit öffentlichen Verkehrsmitteln. Am Wochenende jedoch, wenn wir im Supermarkt einkauften oder Bekannte besuchten, mußte ich zuweilen selbst fahren. Das machte ich mit viel Fingerspitzengefühl, es war beinahe, als säße ein Roboter mit eingebautem Warnsystem am Lenker. Kritisch wurde es erst auf unserer Urlaubsreise nach Griechenland. Aber auch das meisterte ich gekonnt, denn an der jeweiligen Landesgrenze sagte ich überzeugend:

„Du, Susanne, das Auto ist auf dich zugelassen. Es ist besser, ich übernehme das Steuer wieder, sobald wir die Paßkontrolle hinter uns haben." Durch Jugoslawien nach Saloniki, auf dem berüchtigten Autoput, sahen wir manches Fahrzeug am Wegrand zerschmettert und ausgebrannt. Das hinderte mich nicht daran, in der Kolonne wie ein Draufgänger zu fahren: ich scherte als Lückenspringer aus, preschte an der wild hupenden Reihe entlang und schlüpfte erst im letzten Moment hinter das rettende Heck des Vordermannes. Susanne schimpfte lautstark und konnte sich nur schwer beruhigen. Aber es passierte nichts. Und mit viel Glück entging ich den Radarfallen; doch jedesmal gab mir der Schreck einen heftigen Stich ins Herz.

Wir umrundeten die ins Meer vorspringende Landzunge ‚Kassandra', hielten uns von den Hotelhochburgen mit ihren lärmenden Diskotheken fern, zogen dafür an der Küste entlang und in Privatquartiere ein. Überall probierten wir die griechischen Weine. Unsere Ferientage verliefen glücklich und vielversprechend. Als ich mich einmal, mir selbst überlassen, in einer Strandschenke räkelte und den anklatschenden Wellen lauschte, genehmigte ich mir reichlich Ouzo. Ich stürzte den Anisschnaps wie Wasser hinunter und durchlief sämtliche Trinkstadien: verklärt, berauscht, stockbetrunken. Anschließend pflegte mich Susanne am Strand, wir waren ganz allein mit uns, nur beobachtet von dem großen Auge der Sonne. Plötzlich bekam ich einen Rappel zur Wahrheit und sagte leichtfertig:

„Den weiten Weg hierher bin ich ohne Führerschein gefahren." Susanne schreckte empor und musterte mich mit verkniffenem Mund. Wieder ritt mich der Teufel: „Ja, es ist so!" Sie glaubte mir das nicht. Sie durchsuchte meine Brieftasche, zuerst hastig, dann sorgfältig. Schließlich gab sie auf. Ihr Gesicht wirkte plötzlich leer und traurig. Jetzt wollte ich retten, was noch zu retten war. Aber sie raffte wortlos ihre Badesachen zusammen und ging. Ich konnte sie nicht aufhalten. Als ich reumütig im Quartier anlangte, war das Auto schon reisefertig gepackt. Auf der Rückfahrt über zweitausend Kilometer wechselten wir kaum ein Wort miteinander. Und zu Hause erhielt ich, was ich noch niemals bekommen hatte: den Laufpaß! – Der Vertrauensbruch war zu groß gewesen.

*

Ich meldete mein vorübergehend stillgelegtes Auto wieder an – auf den Namen eines Bekannten. Er wußte von meinen Problemen nur wenig und ich hielt ihn unwissend. Eines hatte ich jedoch gelernt: ich fuhr nur noch, wenn es sich gar nicht vermeiden ließ. Das half für eine Weile. Vor der Polizei hatte ich solange Ruhe, bis das Schicksal erneut zuschlagen würde.

*

Mein Geschmack an der Biersorte Pils führte mich – nach einer Rundreise durch die Tschechoslowakei – in die Stadt Budweis. Auch dort schaute ich prompt zu tief ins Glas. Auf der Fahrt ins Hotel schaltete ich, frohgemut und sorglos gestimmt, vom dritten Gang in den ersten. Im Getriebe knirschte es fürchterlich. Der Wagen ächzte und rumpelte, schließlich streikte er ganz. Während ich begriffsstutzig in den Gängen stocherte, kam eine Streife der Miliz vorgefahren und bot ihre Hilfe an. Natürlich merkten die Uniformierten, was mit mir los war. Ich mußte aussteigen und bei ihnen einsteigen. Auf der Wache stellten sie eine Troika zusammen: Kommissar, Sergeant, Dolmetscherin. Ich wurde hellwach, als sie den internationalen Führerschein, der mir noch verblieben war, einkassierten. Der Kommissar fragte streng:

„Kennen Sie unsere Verkehrsgesetze nicht? Bei uns gilt die Null-Komma-Null-Promillegrenze." Ich wußte, was auf dem Spiel stand und wollte unbedingt Pluspunkte sammeln. Die Gelegenheit kam, als mir das ‚Dreigestirn' politisch auf den Zahn fühlte:

„Gehören Sie etwa zu denen aus dem Westen, die unserem Staat alles, nur nichts Gutes zutrauen?"

„Aber ich bitte Sie, natürlich trete ich konsequent für Frieden und Völkerfreundschaft ein."

„Und was halten Sie von Rotchina?"

„Das ‚Reich der Mitte' ist nicht mein Reich. Außerdem hat doch das sozialistische Lager in Europa den Frieden an seine Fahnen geheftet."

„Und wie steht es mit dem Weltkommunismus?"

„Keine Frage: die Überlegenheit über den Kapitalismus wird zwangsläufig zur historischen Tatsache werden, sie ist wissenschaftlich untermauert und..." Die Dolmetscherin blickte mich höchst verblüfft an. Aber dann baute sie mir eine Brücke; sie hatte verstanden, daß ich mich retten wollte. Auch der Kommissar wurde merklich freundlicher, er beäugte mich nicht weiter mißtrauisch und händigte mir die Unterlagen wieder aus. So kam ich nur mit einer Rüge davon. In mir machte es ‚Uff', und dann sagte ich keinen Pieps mehr. Aber die richtige Strafe kam erst noch.

Mein VW-Käfer stand in der Werkstatt. Dort geriet ich an den Mechaniker Miroslaw, er tönte großspurig:

„Warte ab, dein Auto haben wir schnell wieder flott." Nicht weniger als drei Gesellen machten sich über Motor und Getriebe her. Aber ihr Elan verflüchtigte sich. Immerhin brachten sie es kurz vor Feierabend zum Probelauf. Ringsum baff erstaunte Gesichter: das Vehikel fuhr wohl, aber nur rückwärts. Zwischen Gangknüppel und Schaltgestange, irgendwo dort mußte der Fehler liegen. Entmutigt warfen sie das Werkzeug hin; selbst der Chef kapitulierte einstweilen. Mir dämmerte, was ich den eigenen Fahrkünsten noch alles zu verdanken haben würde.

Der Zwangsaufenthalt dauerte an, eine knappe Woche war schon vorüber. Mein Auto stand jetzt in der zweiten Werkstatt. Am Einsatz fehlte es gewiß nicht, auch hier gingen die Mechaniker zuversichtlich an die Arbeit und hoben siegesbewußt den Daumen, wie es Rennfahrer tun. Am Abend mußten sie jedoch die Waffen strecken: Der Karren, dieser Mistbock von Käfer, fuhr weiterhin nur rückwärts.

Dritte Werkstatt. Einem der Meister ließ der Mißerfolg keine Ruhe, denn schließlich stand die Ehre seiner Leute auf dem Spiel. Wiederum thronte das Auto, mittlerweile einem Torso gleich, auf der Hebebühne. Man werkelte am Getriebe, bohrte, hämmerte, setzte neue Schrauben und Bolzen ein. Die Spannung stieg gegen Abend. Und siehe da, beim folgenden Probelauf fuhr das mißratene Stück, wenn auch nur langsam, erstmals wieder vorwärts. Die Mechaniker schickten einen Stoßseufzer gen' Himmel. Ich konnte ihr Glück nicht ganz teilen, denn von nun an kam ich nur noch im dritten Gang voran.

Und schon folgte an der Grenzstation postwendend die soundsovielte Überraschung:
„Unrasiert und fern der Heimat", zog mich der Beamte auf. „Die Ausfahrt in die BRD wird nur gestattet, wenn Sie sich den Bart rasieren lassen. Wir ha-

ben extra einen Friseur, ohne den geht hier gar nichts. Verstanden?" Tatsächlich, das Paßbild stimmte mit meinem jetzigen Aussehen nicht mehr ganz überein. Aber ich dachte: „Komischer Sozialismus, der seine Sicherheit von dem Stoppelbart eines Touristen abhängig macht", und entgegnete erbost: „Und wenn ich hier drei volle Tage warten muß: Der Bart bleibt dran. Das wäre ja noch schöner. Ist das klar?" Im Abfertigungsgebäude ging der Wortwechsel weiter und die Fronten verhärteten sich. Jetzt half nur noch ein Trumpf – die Politik. „Der Chef meiner Partei hat mit dem Chef eurer Partei über die Freundschaft unserer Völker gesprochen. Da wird doch vom Bart eines Besuchers nicht der Frieden abhängen!" Der Leiter der Grenzstelle, ein Major, war ein Menschenkenner und wägte klug ab; nicht alle Tage hatte er es mit einem derart unbeugsamen Exemplar zu tun. Er grinste und nickte mir sogar wohlwollend zu. Ich revanchierte mich bei ihm mit einer Skizze, die ich unterwegs vom Böhmischen Wald gefertigt hatte. Endlich erlöst, holperte ich mit meinem braven Käfer- seine Flügel waren allerdings gestutzt – über die Grenze nach Bayern hinein.

*

Bei meiner Rückkehr fand ich im Briefkasten zwei Gerichtstermine. „Auweia, jetzt geht es zur Sache", dachte ich. So kam es auch. Die Urteile lauteten jeweils auf zwei Monate Haft. Von Bewährung keine Rede.
„Ihr Vorstrafenregister läßt das nicht mehr zu", hatte der Richter gemeint und bedauernd die Schulter gehoben. Auch bei der folgenden Gerichtsverhandlung konnte mein Anwalt nichts für mich erreichen; ich hätte mir die Kosten sparen und einen Pflichtverteidiger nehmen sollen.

*

Zunächst stellte ich den Antrag, die Haftzeiten von vier Monaten direkt hintereinander anzutreten. Ich dachte: „Die Sache in einem ‚Aufwasch' zu erledigen, das ist weitaus besser." Aber mein Gesuch wurde abgelehnt. Was sollte ich tun? Unbezahlten Urlaub nehmen und eine längere Auslandsreise vortäuschen? Der Personalchef meines Arbeitgebers meinte:
„So, Sie möchten mehr Urlaub haben, als Ihnen nach dem Gesetz zusteht. Gut, ausnahmsweise. Aber sagen Sie mir doch bitte den wirklichen

Grund." Ich war so frei, oder so dumm, und erzählte ihm den Hergang, worauf er meinte:
„Sieh mal einer an, wer hätte das von Ihnen gedacht. Ja, ja, der Alkohol. Aber das sollen Sie gleich wissen: beim nächsten Mal kann ich nichts mehr für Sie tun!" In meinem Kopf jubelte der Gedanke: „Diese Hürde ist genommen, die zweite Barriere schaffst du auch noch." Inzwischen hatte ich jedoch neue ‚zarte Bande' geknüpft und ich wußte nicht, wie ich Erika meine lange Abwesenheit begreiflich machen sollte. Ich fand nicht den Mut, mit ihr offen über meine Führerscheinprobleme zu sprechen und beließ es bei einem Versuch, der schon im Ansatz scheiterte. Wir trennten uns im Unfrieden. Mit Briefeschreiben wollte ich den Bruch wieder kitten.

*

Die erste Haftzeit trat ich in Bielefeld an. Das Arbeitslager bestand aus Holzbaracken, die Stuben waren zu sechs Mann belegt. Die Situation erinnerte mich an meine Zeit bei der Bundeswehr, nur daß hier Häftlinge ‚logierten'. Wer im Lager keine

Beschäftigung fand, der wurde zu einem Außenkommando eingeteilt: Tuchfabrik, Metallbetrieb oder Landwirtschaft. Selten erfüllte sich der Wunsch nach einem Einsatz im erlernten Beruf. Ich arbeitete in einer Paketversandstelle. Morgens mit dem Bus hinaus, abends zurück. Aber es fiel mir ungemein schwer, mich nach Feierabend dem Lagerleben anzupassen.

Mit dem verdienten Geld konnten wir Zusatzverpflegung einkaufen. Jedesmal war das für mich wie ein Feiertag. Und sonntags, nach dem Zählappell, ging ich in die Kapelle der Vollzugsanstalt. Der Grund waren weder Messe noch Predigt, sondern das Orgelspiel, ich lauschte dankbar den Klängen des Harmoniums; die Musik sollte mich dafür entschädigen, daß andere Gefangene Besuch von ihren Frauen erhielten. – Nach vier Wochen wußte ich eine Besonderheit höchsten Ranges zu schätzen: ich durfte mit Häftlingen, die sich für Kunst interessierten, ins Provinztheater gehen. In Zivil folgten wir dem Anstaltsleiter, der sich seiner neuzeitlichen Erziehungsmethode wohl hätte rühmen können. Dennoch war ihm unbehaglich zumute, er rückte nervös seine Krawatte zurecht und nahm im Foyer des Theaters von uns Abstand. In der Pause rümpfte das Publikum die Nase, denn es wußte über die ‚Knackis' Bescheid und ließ uns das mit

Blicken spüren. Ich schaute trotzig umher oder lächelte amüsiert.

Über acht Wochen hinweg, während der ganzen Zeit im Lager, empfand ich weder Schuld noch Reue für das, was ich mir selbst eingebrockt hatte. Eine Lehre mochte ich daraus nicht ziehen. Erst allmählich entschleierte sich der Sinn für den Zwangsaufenthalt: ich mußte herausfinden, wie es überhaupt so weit mit mir hatte kommen können! Doch die Ansätze waren zaghaft, nur mühsam drang Licht in das Wirrwarr meiner Gedanken und der Klärprozeß war kaum zu beschleunigen. Zudem lenkten die Eindrücke der fremden und ungewohnten Umwelt viel zu sehr von einer Nabelschau ab. Auch war hier jeder sich selbst überlassen. Während der Haft wurde kaum Hilfestellung gegeben, der Staat überließ es den Gefangenen allein, sich ihrer Schuld bewußt zu werden. Und ehe ich zur Selbstbesinnung fand, waren die beiden Monate schon wie im Sauseschritt verflogen.

*

Vorher hatte man mir versichert: „Den Zeitpunkt für die zweite Haft können Sie mitbestimmen."

Diese Chance wollte ich mir schon deshalb nicht entgehen lassen, weil ich ja auf das erneute Einverständnis meines Arbeitgebers angewiesen war. Doch zuerst meldete ich mich bei der Justizbehörde und brachte die Beamtin mit meinem Sonderwunsch aus dem Konzept.

„Was, Sie möchten direkt einen Termin von uns? Das haben wir äußerst selten, meistens kommen die rechtskräftig verurteilten Leute und bitten um Strafaufschub. Sie dagegen drängen sich geradezu danach, die Haft zu verbüßen. Also nein, oder doch ... ist Ihnen der 1. Juli recht?' Ich willigte sofort ein und sprach anschließend wieder beim Personalchef vor. Er sperrte sich:

„Was, Sie wollen erneut frei haben? Aber wozu denn?"

„Ach, wissen Sie", brachte ich stockend hervor, „ich sitze weiterhin in der Patsche, ich muß eine Suppe auslöffeln, die noch heiß ist."

„Aha, dachte ich es mir doch. Und nun? Jahresurlaub können Sie keinen mehr beanspruchen, der ist verbraucht. Somit sind Sie mit Ihrem Latein am Ende. Ich schlage vor, wir kündigen Ihnen fristgerecht. Einverstanden?"

„Aber das können Sie doch nicht machen", protestierte ich heftig erschrocken, „schließlich bin ich schon sehr lange bei der Firma".

„Und ob ich das kann. Warum haben Sie nicht auf mich gehört?" Er wußte also nicht, worum es ging, und daher setzte ich ihm die Zusammenhänge haarklein auseinander. Trotzdem ließ er sich nicht erweichen. Es beeindruckte ihn auch nicht, daß eine Kündigung nur bei einer Haftdauer über einem Jahr ausgesprochen werden darf. „Es tut mir leid für Sie, ich kann Ihnen nicht helfen. Und außerdem: Wissen Sie nicht, in welcher Zeit wir heute leben? Vor der Tür warten genug Bewerber, die uns nicht alle Tage mit persönlichem Kleinkram behelligen."

„Aber gilt denn meine zehnjährige Treue zur Firma gar nichts? Und wollen Sie mich doppelt bestrafen?"

„Die Wirtschaftslage zwingt uns, Personal abzubauen. Die Computer sind, wie Sie wissen, auf dem Vormarsch. Mit falscher Rücksichtnahme ist uns nicht gedient. Bitte, melden Sie sich im Gehaltsbüro. Trotzdem wünsche ich Ihnen für die Zukunft alles Gute." Ich seufzte ergeben: „Er hat mich behandelt, als wäre ich mit der Portokasse durchgebrannt." Mit hängendem Kopf ging ich fort. Die Kälte des Personalchefs hatte mich ernüchtert, um nicht zu sagen verbittert.

*

Diesmal ließ ich mich auf Staatskosten nach Bielefeld befördern. Den Zwischenstop verbrachte ich in einer Justizanstalt, die einst einen hochkarätigen Gefangenen zu bewachen hatte: wegen ihm war ein Bundeskanzler zurückgetreten. – Mein Zellenmitbewohner, ein muskelbepackter und ungezähmter Jugendlicher, brüstete sich mit Diebestouren. Wehe, man hörte ihm nicht richtig zu oder schlug ihm einen Wunsch ab – sofort haute er zu. Das hatte soeben ein Beamter zu spüren bekommen.
„Ich habe dem Bullen eine in die Maske gepfeffert. Im Land der Träume kann er sich von mir erholen."
Der Schläger mit dem unbekümmerten Jungengesicht wurde kurze Zeit später in eine Einzelzelle verlegt; vielleicht deshalb, weil man sich ihn dort ungestört vorknöpfen konnte.

*

Heißer Sommer in Brackwede II. Das Gras verbrannte. Die Gefangenen schmorten in einer Fabrik, die Fenster und Türen herstellte. Wir Häftlinge, an die Privatwirtschaft ausgeliehen, bekamen nur einen Bruchteil des Akkordlohns gutgeschrieben;

das Gros sahnte der Staat ab. Einige aus unseren Reihen stellten sich dem Druck entgegen und leisteten passiv Widerstand, sie arbeiteten langsamer und verringerten somit die Stückzahl im Akkord. Jemand drückte das so aus:

„Wir Jungs sind nicht von schlechten Eltern, wir sind zwar bloß Arbeitssklaven, aber von Raubtierbändigern lassen wir uns nicht für einen Hungerlohn kaputtmachen." Sobald einer von uns allzu offen aufbegehrte, drohten ihm Sanktionen: Verlust der Arbeit; Entzug von Vergünstigungen; kein Strafnachlaß. Das hielt die Disziplin aufrecht. In der Fabrik kam es jedoch zuweilen vor, daß die Häftlinge kurz vor Feierabend einige Minuten zu früh zur Stechuhr drängten. Dann tauchte der Produktionschef auf, der am Umsatz beteiligt war, und hielt sie mit Gebrüll in Schach:

„Zurück, los, zurück an die Arbeit. Oder ich streiche euch radikal die Zigaretten!" Hätte er seine Drohung wahrgemacht, das wäre mir egal gewesen. Meine Zigarettenschachteln stapelten sich ohnehin im Spind und ich benutzte sie als Tauschobjekt.

In den Fabrikhallen wurden Gabelstapler eingesetzt, sie brachten Rohmaterial zu den Maschinen oder holten Fertigprodukte ab. Ihre Dieselmotoren verpesteten die Luft und mir wurde von den Abgasen wiederholt speiübel. Ich beschwerte mich

beim Vertrauensmann: „Die Gebäude sind zwar hochmodern, aber die Dachluken kümmerlich klein, Hitze und Gestank können daher schlecht abziehen. Es müssen Elektrokarren her. Denkt hier niemand an die Gesundheitsvorschriften?'
„Wir haben schon Verbesserungsvorschläge eingereicht, aber die ‚Herren' da oben rücken zu wenig Geld heraus. Mir sind leider die Hände gebunden." Einmal, als meine Kopfschmerzen wegen Sauerstoffmangel besonders heftig waren, verließ ich eigenmächtig den Arbeitsplatz und ging nach draußen, um mich etwas zu erholen. Meine Art von Streik brachte den Schichtführer in Rage:
„Sie, sofort zurück an die Bohrmaschine. Beim nächsten Mal rufe ich im Lager an. Mit der Grünen Minna werden Sie dann abgeholt. Faulenzer können wir hier nicht gebrauchen. Verstanden?" Ich grollte ohnmächtig in mich hinein und gab nach; ein Widerwort hätte den Verlust der Arbeit bedeutet, und somit kein Geld.

*

Die Menschen im Lager – ob nun Aufseher oder Häftling – gehörten zu einem festen Rollenspiel. Ich versuchte ihren Tagesablauf als Hobbymaler darzustellen. Mein Atelier war das Nichtraucherzimmer; ich mußte es mir regelrecht erkämpfen, es wurde jedoch leicht wieder weggenommen und nur schwer neu bewilligt. Dort fertigte ich Skizzen von Gefangenen, wie sie sich zueinander verhielten: rauh, klug, dreist. Und auch ihre Bewacher ließ ich nicht aus: mürrisch, hilfsbereit, schnodderig. Bald wußte ich zu unterscheiden zwischen Tätern, die durch unglückliche Umstände in eine Sache geschlittert waren, und solchen, die Straftaten berufsmäßig begingen. Ein Fälscher meinte abgebrüht:

„Mit der Lufthansa fliege ich ohne Ticket nach Florida und lebe dort mit fremden Schecks auf großem Fuße. Werde ich geschnappt und muß für ein paar Monate in den Knast – das nehme ich in Kauf bis zum nächsten Ausflug." Ich lauschte wißbegierig vielen Geschichten, und meistens paßten sie zu den Erzählern. Manche setzten sich redegewandt in Szene und spuckten große Töne, andere waren eher besonnen, still und eigenbrötlerisch. Schlug sich jemand als Schlitzohr durchs Leben, wurde ein anderer vom Leben benachteiligt. Wer im Lager ehrlich war, der blieb als der Dumme auf der Strecke. Und wer sich im Zivilleben als Betrüger hervortat, der mißbrauchte auch hier seine Stellung. Zum Beispiel der Koch: er schöpfte den Rahm von der Milch, das Fett von der Suppe und verschacherte unter der Hand die Koteletts seiner Mitgefangenen.

Der Pfarrer hielt sich seine Schäfchen gewogen und spendierte reichlich Rauchwaren; das zog immer und jeder griff unbedenklich zu. An den Versammlungsabenden war die Schwatzbude blau verqualmt. Auf meinen Protest antwortete der Pfarrer ausweichend oder er zwinkerte mir kumpelhaft zu „Ja, ich weiß, es ist schon schlimm. Aber sollen mir meine Schützlinge davonlaufen?" Er war ein moderner Petrus – ein Seelenfischer in heutiger Zeit.

*

Gegen Ende der zweiten Haft fragte ich mich doch mehr und mehr, warum ich hier eigentlich einsitzen mußte. Allmählich wurde ich mir meiner Schuld bewußt, ich bohrte im Gedächtnis und löste dadurch Gedankenketten aus. Ich grübelte unentwegt, um Ursachen und Zusammenhängen besser auf den Grund zu kommen. Mitten in der Erinnerung schaute ich manchmal völlig abwesend gegen die Wände: das Denken hatte festgehakt und eine Erkenntnis ließ mich nicht mehr los. Wenn ich sie beherzigen wollte, dann mußte ich ganz vorn beginnen und tief graben, um mein Verhalten aufzuschlüsseln. Ich hatte mich im Dickicht meiner Fehler verfangen, das hieß, ich mußte das Gestrüpp beiseiteräumen und Ordnung schaffen. Und zwar endgültig. Dazu mußte ich in die Vergangenheit zurückgehen und aus ihr hervorholen, was mich geprägt hatte:

Nach dem Zweiten Weltkrieg waren zahllose junge Leute unbehütet aufgewachsen. Auch für mich begann damals das Leben als Schlüsselkind – auf der Straße. Mein Vater war gefallen und die Familie mußte ohne Ernährer auskommen. Wir hatten keine starke Hand im Rücken, dafür aber Vorbilder wie James Dean und Elvis Presley. Wir, das waren Jugendliche aus dem Wohnviertel, ein Kreis, der fest zusammenhielt. Unser eigentliches Zuhause war die Stammkneipe. Dort lernte ich nicht nur am Alkohol zu nippen, sondern ihn von sämtlichen Seiten kennen. An Kegelautomaten, Tischfußball und Flipperkasten spielten wir aus, wer die nächste Runde zu geben hatte. Über Jahre hinweg ging das so. Die Frau von Willi – er dehnte den Frühschoppen reichlich über die Mittagsstunde aus – stöhnte einmal verzweifelt:

„Am liebsten würde ich in die Bruchbude von Kneipe eine Bombe werfen!" Jeweils am ersten Weihnachtstag, morgens, spendierte ich an der Theke mit einigen ‚Heiermännern', die mir der Großvater soeben geschenkt hatte, ‚Escorial Grün'. Wir schlürften den Likör flambiert. – Irgendwann holte mich die Bundeswehr. Während der Grundausbildung in Cuxhaven, wo ich bis an die Leistungsgrenze meines Körpers gefordert wurde, verging mir das Trinken. Aber später, am Truppenstandort Celle, half der ‚Suff' am langen Wochenende den Trübsinn zu vertreiben. Wir knobelten sogar, wer aus dem eigenen Lederstiefel das Bier trinken mußte. – Nun, nach achtzehn Monaten wurde ich als Gefreiter der Reserve entlassen. Bald darauf heiratete ich Clara, meine Verlobte. Nach fünf Jahren waren wir geschieden. Dieser Vorgeschichte folgte mein Sündenregister mit Trunkenheit am Steuer.

Jetzt stand ich vor dem Scherbenhaufen und mußte mich entscheiden: „Willst du dein Leben weiterhin verpfuschen oder doch noch ‚die Kurve' kriegen!" Es kam noch etwas hinzu. Solange ich mir nur selbst schadete, war das zu verantworten. Wie aber würde es sein, wenn ich einen besonders schlimmen Verkehrsunfall, womöglich mit Verletzten oder gar Toten, verursachte? Das wäre ungeheuerlich! Allein bei dem bloßen Gedanken daran grauste es mir. Spätestens jetzt wurde mir klar: „Schaffst du die Wende nicht – dann droht dir der Abstieg zum Verkehrsrowdy!" Aber auch diese Aussichten reichten nicht, ich mußte sie mir noch drastischer vor Augen führen. Dabei dachte ich an Querschnittsgelähmte, die durch meine Schuld für ihr Leben gezeichnet sein könnten. Sie klagten mich, den Missetäter, aus leidgeprüften Gesichtern an. Auch blickte ich auf ein Grab, sein Kreuz trug den Namen eines Menschen, der durch meinen Leichtsinn zum Opfer wurde. Eigentlich gab es für denjenigen, der das anrichtete, nur ein Wort: Verbrecher! Bei dieser Vorstellung schreckte und schauderte ich noch mehr. Ja, ich mußte mich unbedingt ändern; also auf gar keinen Fall mehr ein Auto benutzen, wenn Alkohol im Spiel war. Dieses Versprechen durfte nicht halbherzig sein, sondern ich mußte es mir eintrichtern und einbleuen. Letztendlich rang ich mir sogar ab: „Wirst du zum Rückfalltäter, ganz gleich wann und wo, dann hinterlegst du den Führerschein aus freien Stücken auf der nächstbesten Polizeiwache!"

*

Lagerkoller. Es gab Häftlinge, für die kam der Wechsel aus dem Privatleben in das Dasein eines Gefangenen zu plötzlich, sie konnten ihn nicht verkraften und flippten aus. Selbst Arbeit, Fernsehen, Sport und Gespräche reichten nicht, um das seelische Gleichgewicht wiederzugewinnen. Besonders bei persönlichen oder familiären Schwierigkeiten – Scheidung während der Haft oder Trauerfall – drehte manch einer durch. So kletterte ein Maulheld, der vor Selbstbewußtsein nur so strotzte, nachts über das Tor und versuchte abzuhauen. Er kam nicht weit. Am folgenden Morgen saß er in der Arrestzelle, genannt ‚Blauer Salon', er war völlig am Ende und wir hörten ihn wie einen Wolf in der Steppe heulen.

Unverhofft gab es auch schöne Tage. Der Pfarrer, ein Haudegen und zugleich eine Seele von Mensch, ermöglichte sorgsam ausgesuchten Gefangenen einen Besuch im Gemeindezentrum. Ich durfte mitkommen. Eine der jungen Schwestern, die Sabine Sinjen bis aufs Haar ähnelte, schaute mich verstohlen an, ihr Lächeln war das einer ‚Mona Lisa'. Unter ihrem sanften Blick schmolz ich dahin. Aber kaum war ich ins Lager zurückgekehrt, mußte ich unweigerlich an Erika denken, meine Freundin, die Zuhause auf mich wartete. Die Erinnerung an ihren Körper peinigte mich, ich kämpfte gegen eine Moral, die immer fadenscheiniger wurde. Ich konnte mit der Enthaltsamkeit auf Dauer nicht fertig werden und hakte schon frühmorgens auf dem Kalender jeden Lagertag ab. Ich fieberte der Entlassung entgegen, meine Ungeduld wuchs – es war kaum noch auszuhalten.

*

Endlich wieder frei! Auf der Bahnfahrt nach Hause zog ich endgülig das Fazit: „Haben dich Reue und Buße gewandelt? Und wird dir das eine Lehre sein für die Zukunft?" Das wollte ich prüfen und auch beweisen. Solange ich jedoch auf einen Führerschein verzichten mußte, war ich kein vollwertiger Mensch. Ich kam mir regelrecht entmündigt vor. Denn ist Autofahren nicht ein gutes Stück persönliche Freiheit? Kein eigenes Auto zu haben, weil die Erlaubnis fehlte – das wollte ich mir weder bieten noch gefallen lassen. Allerdings nutzte es mir wenig, nach Ablauf der Sperrfrist den Antrag auf Wiedererteilung zu stellen, wenn ich den Führerschein wegen der alten Trinkgewohnheit über kurz oder lang doch wieder abgenommen bekäme. Das Grundproblem war und blieb der Alkohol, ihm mußte ich kräftig auf den Leib rücken.

*

Ich wandte mich an eine Beratungsstelle für Suchtkranke. Nach einem Vorgespräch reichte mir der Sozialarbeiter einen Fragebogen und erklärte: „Wenn Sie von den zwanzig Fragen fünf mit ‚ja' beantworten – dann sind Sie Alkoholiker." Tatsächlich mußte ich fünf Kästchen ankreuzen. Ungläubig starrte ich auf das Papier.
„Das muß ein Irrtum sein", sagte ich beleidigt, „ich bin kein Alkoholiker. Bei mir zu Hause kann man ganze Batterien von Schnaps und Bier stapeln, ohne daß ich sie anrühre. Ich greife nicht zur Flasche und brauche keinen täglichen Schluck."
„Aber Sie haben die Fähigkeiten verloren, kontrolliert zu trinken. Über ein bestimmtes Quantum hinaus versagt bei Ihnen die Bremse. Sie können mit dem Trinken nicht mehr aufhören und lassen sich vollaufen. Na, wie gefällt Ihnen das?" Er hatte recht. Meine Entrüstung verpuffte und ich sagte kleinlaut:
„Zugegeben, ich bin gefährdet, aber nicht aussichtslos abhängig. Was soll ich tun?"

„Gehen Sie zu den Anonymen Alkoholikern. Dort lernen Sie, mit sich selbst umzugehen." Empört lehnte ich ab. – Ein halbes Jahr später folgte ich doch seinem Rat.

*

Ich ging zum ersten Meeting. Jeder einzelne in der Gesprächsrunde mußte sich vorstellen; auch ich kam nicht daran vorbei, Farbe zu bekennen: „Ich heiße Michael und bin Alkoholiker." Dieser Satz hatte viel Überwindung gekostet, die Hemmschwelle war sehr hoch. Aber hätte ich es nicht über mich gebracht, ehrlich zu mir selbst zu sein, so wäre alles vergebens. Und nach einer Weile machte es mir kaum noch etwas aus, von meinem Problem mit dem Alkohol zu sprechen. Der Begriff ‚Alkoholiker' war nur auf den ersten Blick ein Schimpfwort, andererseits eine Krankheit wie jede andere – wenn auch unheilbar. Aber diese Krankheit konnte wenigstens gestoppt werden: kein Glas mehr anrühren!

In den Versammlungen lernte ich Leute kennen, denen hatte der Alkohol übel mitgespielt. Sie erzählten freimütig und schonungslos von ihren Stationen als Trinker, ihrem Sturz ins soziale Abseits, sie waren beruflich gescheitert und persönlich am Ende. Doch allem zum Trotz hatten sich einige Alkoholiker wieder aufgerappelt. Das gelang ihnen durch eine Entziehungskur und nur mit eisernem Willen. Wer rückfällig wurde oder sich und andere beschwindelte, der schaffte den Absprung nie und endete zuletzt als Penner in der Gosse. Ich dagegen war ein Quartalstrinker, der nur ab und zu über die Stränge schlug. Also verabschiedete ich mich aus der AA-Gruppe. Außerdem konnte ich es nicht länger ertragen, mein ‚Ich' selbstquälerisch zerpflückt zu sehen.

Mir hatten die Meetings trotzdem viel gebracht: Erkenntnis über den Verlauf von Trinkgewohnheiten. Denn oft genug, wenn ich früher betrunken mit dem Wagen unterwegs war, hatte ich anschließend Gedächtnislücken bis zum völligen Blackout. Wohl stand das Auto brav geparkt vor der Haustür, aber ich konnte mich nicht daran erinnern, wie es dort hingekommen war. Diesem Irrsinn mußte ich einen Riegel vorschieben, und zwar endgültig. Die Absicht allein genügte jedoch nicht. Ich mußte den Beweis in der Praxis erbringen. Das ging nur mit einem neuen Führerschein.

Drei lange Wartejahre! Die Sperrfrist war abgelaufen und ich beantragte die Wiedererteilung auf der Führerscheinstelle im Straßenverkehrsamt. Zuvor blühte mir der ‚Idioten-Test'; bei dieser Prüfung haben Psychologen das Wort. Ich bereitete mich taktisch klug vor, denn einen anderen Lebenswandel glaubhaft zu machen, dazu reichte ein bloßes Lippenbekenntnis nicht aus. Um zu überzeugen, wollte ich zum wirksamsten Mittel greifen, das es gab: „Die Sache ist die: ich bin Mitglied in einer Selbsterfahrungsgruppe und habe dem Alkohol auf ewig abgeschworen."

Nach außen hin recht locker, innerlich jedoch angespannt, kreuzte ich im TÜV-Gebäude auf. Von den übrigen Prüflingen hielt ich mich bewußt fern, unter ihnen gab es Kandidaten, die großmäulig herumschwadronierten:

„Was, Führerschein ade? Aber nicht doch, den Lappen holen wir uns federleicht zurück." Mit solchen Sprüchen standen sie gewiß auf verlorenem Posten; offenbar traf der Name ‚Idioten-Test' voll ins Schwarze.

Ich durchlief die Abteilungen und wurde gründlich in die Mangel genommen. Zuallerletzt mußte ich vor denjenigen treten, der alles zu entscheiden hatte. Er saß, die Hände über dem Bauch gefaltet, wortlos da und wollte mich mit seinem Schweigen zermürben. Aufreibend lange abwarten zu können, das gehörte zu seinem Beruf als Psychologe, und er mimte mit überlegener Miene unsäglich viel Geduld. Seine Fangfragen, mit denen er allmählich herausrückte, wirkten sanft, ganz frei von Schärfe.

„Ihre Geschichte kenne ich auswendig, König. Aber hat Sie der ‚König Alkohol' wirklich aus seinen Klauen gelassen?"

„Alle geistigen Getränke haben bei mir abgedankt: kein Glas, kein Gläschen, keinen Tropfen."

„Auch kein Sekt zu Silvester?"

„Nicht mal eine Likör-Praline, nichts mit einem Schuß drin."

„Und nachher, wenn Sie den Test bestanden haben sollten?"

„Sie sagen es, dann feiere ich natürlich zünftig, wie es sich gehört – mit Selterswasser."

„Was, Sie sind ganz ‚trocken'?"

„Jeden Tag neu. Und jeden Morgen beginne ich mit dem Spruch: Herr, gib mir die Kraft und die Weisheit und ..."

Ich hatte gesiegt. Aber hatte ich es auch wirklich gepackt? In einer Kneipe, jedoch weit genug vom TÜV weg, genehmigte ich mir ein gut gezapftes Glas Pils. Dann kehrte ich mit saurem Gesicht zu einer Limonade zurück.

★

Ich meldete mich in der Fahrschule an. Dort wußte offenbar niemand, daß ich zum dritten Mal den Führerschein machte. Sorgfältig ging ich die Fragebögen durch und paukte auf Nummer sicher; bisher hatte ich jede theoretische Prüfung mit traumwandlerischer Sicherheit bestanden. Diesmal jedoch sagte der Mann vom TÜV: „Sie heißen zwar König, aber ich muß Ihnen einen Zacken aus Ihrer Krone nehmen: Sie haben ein paar Fehlerpunkte zuviel auf dem Konto. Versuchen Sie es in vierzehn Tagen noch einmal." Verdammt, ich war durchgefallen. Aber das bügelte ich wieder aus. Und auch die praktische Prüfung schaffte ich anschließend problemlos. Andächtig, mit spitzen Fingern, nahm ich den flammneuen Führerschein entgegen und steckte ihn in die Brieftasche. Würde er dort bleiben? Ich wußte, im Hochgefühl hätte ich nun einen Plan ausführen sollen: den Führerschein als verloren oder gestohlen melden und dafür Ersatzpapiere beantragen – für alle Fälle. Das brachte ich nun doch nicht fertig. Andere Leute beschwindeln, das wäre vielleicht gegangen, jedoch mich selbst belügen, das hätte ja bedeutet: sämtliche Anstrengungen wären umsonst gewesen!

*

Endlich war ich wieder Verkehrsteilnehmer. Mit dem eigenen Auto unternahm ich Touren wie früher und steuerte zuweilen manches Ausflugslokal an. Ein Glas konnte ich noch immer schlecht stehenlassen – den Wagen jedoch unbedingt und ausnahmslos! Das Brandeisen wirkte, seine Narben saßen tief und fest eingekerbt. Außerdem wußte ich ganz genau: „Wirst du jemals wieder mit Alkohol am Steuer angetroffen, den Führerschein bist du dann für immer los." Zudem bewahrte mich der Horror einer erneuten Niederlage vor jeglichem Leichtsinn. Früher hatte ich die Schuld auf ein unabwendbares Verhängnis geschoben, heute trug ich allein die Verantwortung.

Es kam vor, daß ich mitten in der Nacht, von einem Alptraum verfolgt, mit wild klopfendem Herzen emporfuhr und Wirklichkeit und Phantasie nicht sofort unterscheiden konnte. Ich sah mich auf einer Polizeiwache in der Arrestzelle, vor Gericht, im Gefängnis und im Arbeitslager. Vor lauter Schrecken stockte mir der Atem. Ich hob abwehrend die Hände und beschwor das Unheil:

„Geh weg, verdammter Teufel, scher' dich zurück in die Hölle!" Und wirklich, im gleichem Moment verschwand der Spuk. Die Welt war für mich noch in Ordnung. Würde das auch in der Zukunft so sein?

*

Für die eigene Person habe ich endgültig einen Schlußstrich unter die Vergangenheit gezogen. Nie mehr darf das sein, was gewesen ist. Und dazu ist mir jedes Mittel recht. So hängt in meiner Wohnung ein Plakat mit Regeln, an die ich mich streng halte.

Lange habe ich gebraucht, um das Problem in den Griff zu bekommen. Kennen Sie ein besseres Rezept, als nach einer feuchtfröhlichen Feier zu Fuß, mit öffentlichen Verkehrsmitteln oder dem Taxi heimzukehren? Wenn ja, dann behalten Sie es nicht für sich.

*

Mara Ordemann

"Bücher verlegen ist eine fast noch närrischere Betätigung als Bücher schreiben". - Ganz sicherlich ist an diesem Ausspruch des legendären Ernst Rowohlt einiges wahr, und man muß ja schon fast närrisch sein, oder ein bißchen verrückt, wenn man sich zu den etwa 5000 Verlagen in der Bundesrepublik Deutschland hinzugesellen und die mehr als 50000 Neuerscheinungen pro Jahr noch um eigene Titel bereichern will.

Und dennoch: Ich habe es „gewagt" und im Herbst 1986 in Köln einen Verlag für Belletristik ins Leben gerufen. Warum?

Persönliche Erfahrungen in Literaturkreisen haben mir in den vergangenen Jahren gezeigt, daß es für weniger bekannte Autoren fast unmöglich ist, bei einem der Großverlage anzukommen. Somit „schmort" manches Manuskript, das zweifellos einen größeren Leserkreis verdient hätte, in der Schublade. Einiger dieser Manuskripte habe ich inzwischen aufgestöbert und in enger Zusammenarbeit mit den einzelnen Autoren/innen als Buch herausgebracht. So ist auch der vorliegende Band entstanden.

Wenn Sie wissen möchten, welche Titel in der edition = mara ordemann erschienen sind, dann blättern Sie bitte um. Und nur Sie können entscheiden, ob ich „närrisch" war oder ob es sich nicht doch gelohnt hat, diese Manuskripte zu „entdecken"!...

Illustriert von
Willi Kleinjohann, Oberhausen
ISBN 3-926374-00-4
DM 16,80

Alida Pisu
LIS UND LEO
Ein Märchen für Erwachsene

Alida Pisu -
Ein bißchen frech, stark und selbstbewußt - obschon sie (bedingt durch eine Kinderlähmung), mit einer körperlichen Behinderung leben muß, die sie irgendwann einmal aus dem Versteck hervorholte und somit sich selbst. Sie hatte die Courage, mit eigenen Stücken wie ihrem neusten Kabarett 'Bösröschens Erwachen' auf die Bühne zu gehen.
Aber damit nicht genug:

Alida -
Am 18. 9. 1958 in Duisburg geboren, studierte in Berlin Werbung. Bei einem Aufenthalt im Ausland entdeckte der Wiener Aktionist Otto Mühl ihr Talent; durch ihn erhielt sie eine umfassende künstlerische Ausbildung, vor allem in Theater und Literatur.

Alida -
Seit 1986 als Entertainerin und Schauspielerin auf der Bühne - ist inzwischen auch durch Presse, Funk und Fernsehen bekannt.

Mit Lis und Leo stelle ich nun ihre erste literarische Veröffentlichung vor: Ein Märchen für Erwachsene - die Fabel eines Schneckenstaates, der von einem Todfeind bedroht wird; die Schnecken - oder besser gesagt: Lis, die raffinierte Schneckin - schaffen es jedoch mit einer List, ihren Gegner zu überwinden und den Schneckenstaat 'umzukrempeln'.
Also nur ein Plädoyer für die Überlegenheit der Frau?
Oder aber beweist nicht hier Lis, daß man sich durchaus nicht mit seinem Schicksal abfinden muß - nicht einmal als Behinderte wie Alida, die den Mut hatte, eine künstlerische Laufbahn zu wagen und sogar ein solches Buch zu schreiben: Witzig und ein bißchen frech wie sie selbst.

144 Seiten, gebunden
mit farbigen Illustrationen
(literarischer Comic) von
Susu Abbara, Langenfeld
ISBN 3-926374-01-2

DM 22,–

Günther Melchert
DIE UHR MIT DEM TICK

Auf meiner Reise durch die Literaturlandschaft lernte ich bei Lesungen Günther Melchert kennen. Er entlockte den Zuhörern durch seine witzigen, spritzigen, satirischen, skurrilen und 'unmöglichen' Geschichten (zum Teil mit einer scharfen Prise Erotik gewürzt) mehr als ein Schmunzeln. Er begeisterte - desgleichen mich. Auf die Frage, warum er bisher nur in Zeitungen, Zeitschriften und Anthologien veröffentlicht und sich nicht an einen Verlag gewandt habe, antwortete er mit einem Augenzwinkern, „Die Verleger behaupten doch immer, ein 'Talent' hätte keine Chance - nicht entdeckt zu werden!"

Ich bat ihn, mir weitere Manuskripte zu überlassen. Etliche gefielen mir so gut, daß ich mich spontan entschloß, sie in einem Sammelband herauszubringen.

Günther Melchert hatte zunächst Bedenken, weil die 'humoristischen' Geschichten nur einen Teil seines Schaffens ausmachen (er schreibt u.a. Märchen, Fabeln, Kinder- und Liebesgeschichten, Science Fiction, Hörspiele, Drehbücher), und er nicht auf diese Ebene fixiert werden möchte. Doch es gelang mir, seine Bedenken zu zerstreuen.

Und nun hoffe ich, daß Sie, liebe Leser, seine Geschichten genauso aufnehmen wie die Zuhörer. Ich bin gespannt! Sie auch?

272 Seiten, Leinen, gebunden,
farbiger Umschlag
ISBN 3-926374-03-9
DM 29,50

**Ralf Otto Lang
AUF KEINEM AUGE BLIND**

Das Buch ist in der Ich-Form geschrieben und hat autobiographische Züge. Mehrere Lebensbereiche werden aufgegriffen, die in ihrer Problematik gerade in heutiger Zeit niemanden kaltlassen können.

Die Hauptperson ist ein erfolgloser Maler. Im Mittelpunkt jedoch steht seine Auseinandersetzung mit der Realität: so als Künstler - in der Arbeitswelt; als Mann - auf der Suche nach einer tragfähigen Partnerschaft; als Reisender - auf dem Weg nach einem neuen Weltbild; als Autofahrer - der mit Alkoholproblemen am Steuer zu tun hat; als Staatsbürger - sein Engagement für den Frieden - und der zentralen Frage nach „unserem" Dasein.

Es ist die Absicht des Autors, seine Erfahrungen und Erkenntnisse dem Leser so nahe wie möglich zu bringen; manches mit einem lachenden und einem weinenden Auge. Dies alles gewürzt mit einem gehörigen Schuß Selbstironie.

Bei der Lektüre des Buches erhält der Leser wiederholt Denkanstöße, die, würden sie in die Tat umgesetzt, den Umgang der Menschen miteinander „menschlicher" machen könnte. Hätte ich also dieses Manuskript in der Schublade lassen sollen? Urteilen Sie selbst!"